# NOTICE BIOGRAPHIQUE

## SUR MM.

# LE RENDU ET MÉNANT

### CURÉS DE COURCY

# NOTICE BIOGRAPHIQUE

## SUR MM.

# LE RENDU ET MÉNANT

### CURÉS DE COURCY

PAR

## M. L'ABBÉ MACÉ, DE COURCY,

censeur au collége Stanislas

« Vos enfants vous demanderont
pourquoi vous respectez deux
pierres tumulaires. Voici votre réponse : « ces pierres recouvrent
« les ossements de nos saints pas-
« teurs. »        (Livres saints.)

## PARIS

TYPOGRAPHIE DE CH. LAHURE
Imprimeur du Sénat et de la Cour de Cassation
rue de Vaugirard, 9

1854

# A
# MONSIEUR MÉNANT

## CURÉ DE BRÉVILLE

« Le bon pasteur consacre sa vie à ses brebis ; il les dirige après sa mort par le souvenir de ses vertus. »
( Livr. saints.)

# A

# MA PAROISSE

« Vos enfants vous demanderont pourquoi vous respectez deux pierres tumulaires. Voici votre réponse : « Ces pierres recouvrent les ossements de nos saints « pasteurs. » (Livr. saints.)

« Le bon pasteur consacre sa vie à ses brebis ;
il les dirige après sa mort par le souvenir de ses
vertus. » (Livr. saints.)


Vers la fin du siècle dernier, un saint prêtre
arriva dans la paroisse *Saint-Lo de Courcy*. Confesseur de la foi, il sortait d'une prison qui avait
longtemps approvisionné les échafauds de Ro-
bespierre. Il était riche de toutes les vertus du
sacerdoce, mais point d'autres biens : une femme
pieuse fit d'un vêtement ordinaire une soutane
pour couvrir la nudité de l'envoyé de Dieu !
Grande fut la joie des habitants de la paroisse,
et à bien juste titre : le ciel leur donnait le bon
pasteur qui devait même se survivre dans les
vertus et le dévouement de son neveu, son suc-
cesseur jusqu'à la fin de l'année 1853.

M. Pierre François Le Rendu était né à Coutances de parents pauvres mais bien pieux. Sa

mère, restée veuve avec deux jeunes orphelins, lui apprenait à filer pour gagner le pain de chaque jour. Elle lui apprit mieux encore à aimer Dieu et à remplir tous les devoirs de l'enfant chrétien. Aussi semblait-il dans l'esprit des vieillards qui le connaissaient, prédestiné au sacerdoce. On dit que sa piété fut toujours tendre, et que l'habitude de remplir à la cathédrale les fonctions de clerc, ne donna jamais à la vivacité de son caractère cette légèreté qui traite sans façon les choses de Dieu dans le lieu saint.

Le jeune clerc fut admis, à ce titre, en qualité de boursier au collége de Coutances, où étudiaient plus de mille élèves. L'ancien régime de dîme et de privilége, comme l'on dit, ce temps si calomnié offrait aux jeunes gens pauvres mais vertueux et intelligents des ressources abondantes pour étudier ; et les hommes instruits trouvaient alors des moyens honorables d'existence.

L'ancienne société ne fit pas de son protégé un ingrat, mais un saint prêtre qui a rendu à d'autres pauvres les bienfaits reçus, et qui garda, toute sa vie, le dépôt précieux de la reconnaissance : amour pour tous, nulle jalousie des supériorités, mais le respect et mieux encore cette vénération naïve que nous ne connaissons plus, et qui n'est dans les rapports sociaux qu'une extension de la piété filiale.

Le fils dévoué, le boursier reconnaissant, l'écolier vertueux et instruit entra, toute sa jeunesse l'y avait préparé, au grand séminaire dirigé par les *Eudistes*. Les disciples du père Eudes avaient en Normandie et en Bretagne des colléges et des séminaires; et, dignes émules des Sulpiciens, ils avaient formé dans le diocèse de Coutances un clergé pieux et capable.

Sous leur direction aimée et respectée, M. Le Rendu acquit les vertus et la science du sacerdoce : exacte théologie par la connaissance des vérités de la religion et de la morale évangélique qu'il ne rendait sévère que pour lui-même; étude habituelle de l'Écriture sainte, dont il savait toutes les belles sentences et tout l'Évangile; vie de règle dans tous les exercices de la journée, même pour l'heure donnée, le soir, au délassement d'un jeu désintéressé qui procurait au bon pasteur la visite de ses paroissiens; et par-dessus tout, une bienveillance, une charité qui se faisaient tout à tous, qui se donnaient aux grands et aux petits, mais avec plus d'amour et d'abandon aux petits.

M. Le Rendu, au sortir du séminaire, était trop jeune pour recevoir l'ordre de la prêtrise. Il accepta les fonctions de précepteur dans une famille honorable. Elle avait protégé son enfance, elle sut respecter le fils de la pauvre veuve, qui s'était élevé par l'éducation et le savoir-vivre utile à tous, et mieux encore par la vertu : les nobles maisons n'ont jamais refusé de rendre à chacun ce qui lui est dû ; et il y avait, dans les siècles passés, par le mérite et la dignité du caractère et des fonctions, une vraie et chrétienne égalité.

La révolution de 1793 qui n'en était pas persuadée, décrétait alors son égalité.... devant l'échafaud ; car, en abandonnant la voie de la modération, en s'attaquant, sous mille formes, à ce qui restait honnête, elle abaissait tout sous le niveau de sa guillotine. Ce fut pour l'Église et la France, le temps des douleurs et des folies et des crimes, et aussi de l'héroïsme jusqu'au martyre.

L'Église fut dépouillée de ses biens qui nourrissaient les pauvres : elle se résigna. Mais bientôt les révolutionnaires établissent la *constitution civile du clergé*, qui blesse les droits du pape, vicaire de Jésus-Christ, ayant à ce titre autorité sur tous les chrétiens. Il est ordonné à tout prêtre de *jurer* fidélité à la constitution schismatique, sous peine d'exil et de mort ! M. Le Rendu a le double courage de refuser le serment et cependant de rester en France pour sauver des âmes. En ces jours-là, les brebis étaient dispersées et il n'y avait plus de pasteurs....

Nous ne ferons pas le tableau de sa vie pendant la Terreur. Caché tout le jour, avec la pensée si poignante qu'il compromettait ses hôtes, M. Le Rendu se retirait le plus ordinairement chez une sainte femme à Coutances. Pour tromper l'ennui du temps, pour avoir du pain qu'il partageait avec sa vieille mère, il mettait à profit la science de son enfance, il filait en priant le bon Dieu ! Dès ce temps, il venait quelquefois à Courcy. Pendant la nuit, il visitait les mourants pour les réconcilier à Dieu et à l'Église ; il bénissait les jeunes gens fidèles qui ne voulaient pas s'unir devant le prêtre jureur ; il baptisait, il confessait, et dans le fond de sa cachette, s'il y avait chance de vivre encore assez de temps, il célébrait la sainte messe ! Quel long martyre d'amour de Dieu et des hommes !

Enfin le prêtre *réfractaire* est pris et jeté dans la prison du mont Saint-Michel, antique et célèbre monastère qu'une révolution profanait. Pendant dix-sept mois, il y attendit la mort, et chaque jour il s'y prépara, nous disait-il en nous offrant, le vendredi saint, son repas de prison : c'était un touchant souvenir et un véritable anniversaire de pénitence. Le geôlier lui avait présenté par hasard le même légume insipide que les pieux Eudistes offraient en ce jour à leurs élèves. Et ce maigre régal a été servi, chaque année, sur la table de M. Le Rendu, comme au séminaire et au mont Saint-Michel.

Il était sorti de prison encore plus attaché à Dieu et à l'Église, j'ajoute plus anti-révolutionnaire. Ces sentiments étaient si profonds qu'en apprenant la nouvelle révolution de 1830, il jeta ce cri sublime : « Mon Dieu ! j'ai déjà souffert la prison..., s'il le faut, une deuxième fois je vous offre ma vie, mais grâce pour mes enfants !... »

La haine des révolutions, dans la conscience de celui qui fut leur victime, exceptait les personnes, ou mieux devenait charité ardente pour les coupables. Je n'oublierai jamais les nombreuses visites faites à un vieillard qui révélait, même sur son grabat, l'ardeur bonne ou mauvaise d'un passé qui m'était inconnu.... Quelle sollicitude dans le prêtre ! Avec quelle tendresse il prononce les paroles saintes pour persuader au mourant d'être résigné dans la souffrance et de mériter un bon avenir !... Dans ma pensée peu intelligente en charité, le zèle du pasteur s'adressait à un saint patriarche. Mais les anciens de la paroisse disaient que celui qui allait paraître, ainsi réconcilié, au tribunal de Dieu, avait subi l'entraînement de l'impiété qui insulta même les objets du culte ! Alors je compris un peu mieux la charité ! Elle m'imposait assez pour m'interdire la moindre allusion personnelle devant un prêtre qui cependant excusait tout de l'étourderie de l'âge : tant de zèle commandait un peu de discrétion même à un enfant !

Je me hâte d'affirmer que la paroisse Saint-Lo de Courcy resta , en général, calme et modérée pendant la Terreur, comme dans le mouvement peu chrétien qui suivit la révolution de 1830. En 1793, les prêtres fidèles y trouvaient un sûr asile ; et, si l'on excepte trois ou quatre chefs de famille, le dimanche, et non la décade (le décadi), était pour tous le jour du Seigneur, le curé constitutionnel était un intrus, un loup et non un pasteur. On raconte que ce pauvre prêtre fut obligé d'entrer par la fenêtre dans sa maison ; la malice des habitants qui connaissaient leur Évangile, avait barricadé les portes, afin de stigmatiser l'intrus dans la honte de son entrée ; et d'une petite hauteur voisine ils chansonnèrent le prêtre avili, le chœur répétant ce refrain, poétique d'intention :

> Tu es entré par la fenêtre ;
> Non, tu n'es pas notre pasteur.....

Cette fidélité des habitants de Courcy à l'Église leur fut obtenue, sans doute, par l'intercession de Saint-Lo qui est né dans cette paroisse et qui en est le patron. Serait-il possible, en effet, que la foi faiblît dans la terre bénie qui a donné le jour au jeune et saint évêque, l'apôtre de son diocèse et le modèle des pasteurs?

La tradition qui fait saint Lo originaire de Courcy, est depuis le vi<sup>e</sup> siècle perpétuelle, constante et jamais contredite. Elle a été maintenue par la piété plus encore que par des motifs de gloire humaine. Car les mêmes hommes qui la gardent comme un trésor, sont assez indifférents à l'illustration de l'astronome de Lalande dont la famille habite parmi eux.

M. Le Rendu avait en ce fait historique toute la foi robuste de ses paroissiens; et un moyen infaillible de troubler l'esprit de douceur qui était en lui une grande vertu toujours pratiquée, c'eût été d'élever un simple doute sur le lieu de la naissance de saint Lo. Et vraiment quelle déplorable manie que ce besoin de réviser la tradition des siècles et de blesser la croyance de nos pères? Bien mieux, disait M. Le Rendu, les imiter....

Il devint curé de Courcy, quelque temps après le concordat conclu entre Sa Sainteté Pie VII et Napoléon premier consul, pour rendre la paix à l'Église. Le dernier titulaire était allé, en digne confesseur de la foi, mourir en exil. Puis, lorsque le culte fut toléré à la fin du directoire, il y eut en même temps, à Courcy, deux prêtres nommés Le Rendu. Ils remplirent l'un et l'autre les fonctions

saintes, soit dans les maisons privées, soit à l'église, avec la qualification de *prêtres catholiques;*
le titre de *desservant* leur fut aussi quelque
temps commun. Enfin, le plus jeune, Pierre-
François Le Rendu obtint une nomination régulière, à la demande des habitants; ils étaient
touchés de sa bienveillance qui gagnait les cœurs,
ils aimaient sa prédication, et son chant les charmait. Le confesseur de la foi fut préféré avec
l'auréole de sa prison.

Le nouveau pasteur, dans un ministère de
quarante années, ne s'est proposé qu'un but : se
sauver et sauver ses paroissiens qui sont tous ses
enfants. Il ne fait qu'un avec eux, vit de leur
vie, se réjouit de leurs joies et souffre de leurs
souffrances. Ami de tous et père de tous, père
des pauvres par préférence, il est même, (nous
lui donnions volontiers ce titre,) il est le juge de
paix qui calme les différends, car ils blessent
son cœur qui trouve les bonnes paroles de la
conciliation. C'est lui qui inspire à tous l'esprit
de modération chrétienne pour juger les personnes et les choses, l'esprit de vraie charité qui
pardonne et rend le bien pour le mal, l'esprit
de bienveillance qui rend facile le commerce
avec les égaux et les inférieurs. Ses sentiments
pour ses supérieurs respirent une respectueuse
déférence; et ses procédés sont remplis d'une

prévenance délicate envers les administrateurs de la commune, qui tous ont su y répondre, en voulant le bien de leurs administrés, comme le pasteur voulait le salut de ses paroissiens. Il s'estima heureux à la fin de sa vie, je puis le dire, d'avoir pour maire M. S..., le petit-fils de celui qui avait favorisé la réouverture de l'église de Courcy.

Ainsi la vie de M. Le Rendu était une prédication continuelle, et l'exemple précéda toujours les leçons : *Cœpit facere et docere.* Pour instruire son peuple, il donna dès les premiers temps tous ses soins aux catéchismes qu'il fit lui-même, du moins le dimanche, jusqu'à sa mort. Ses sermons, en forme de prône, offraient une doctrine précise, une morale exacte mais douce. Il traitait la parole de Dieu avec ce respect qui impose une préparation sérieuse à celui qui la prêche : à soixante-treize ans, il remettait à l'étude une instruction que la mort l'empêcha d'adresser à son peuple. Ce respect, joint à une grande humilité, ne lui permit pas d'ordinaire l'improvisation; et cependant il eût pu s'inspirer avec confiance de sa conviction profonde, d'une doctrine sûre, du désir ardent de sauver les âmes, de sa facilité de parole bien servie par une voix pure et éclatante. Il le faisait néanmoins, avant l'ouverture de la Pâque, pour appeler les pécheurs, au moment de la clôture, pour les empêcher de prescrire contre le précepte; et sa voix sévère s'adoucissait bientôt dans l'abondance de ses larmes qui touchaient même les indifférents; je ne puis dire les opiniâtres : il n'y en avait pas dans une population toute croyante, si docile à la parole de celui qu'elle estimait plus éloquent que les grands orateurs.

Ce bon père parle de Dieu aux siens, partout et toujours, même dans les visites à domicile où il force les délinquants à prendre jour pour le confessionnal. C'est au tribunal de la pénitence qu'il siége en permanence à l'approche des fêtes et pendant le carême et le temps pascal; le surplis qui est l'insigne de son ministère de réconciliation, orne, tout le jour, le juge de la miséricorde.... Que d'âmes ainsi sauvées !

Son zèle devenait irrésistible auprès du lit de mort : que de soins, d'encouragements, de larmes, dans ses visites quotidiennes, même à grande distance, même après tous les secours de la religion donnés au malade ! Il voulait recevoir le dernier soupir de son enfant et pleurer avec la famille. C'est vraiment un de ses enfants qui est mort : voyez-le à sa douleur qui ne veut pas être consolée et qui verse tant de larmes sur le bord de la tombe. Surtout n'essayez aucune consolation, s'il y a eu mort subite, s'il n'a pu arriver à temps pour réconcilier l'âme à Dieu....

Aussi pour visiter ses confrères, il faut qu'il ait la certitude que toute sa paroisse est en bonne santé! Qui de nous oublierait jamais que la vive sollicitude de M. Le Rendu pour le salut d'un vieillard, aggrava sa dernière maladie et peut-être la rendit mortelle? Il s'agitait, il se lamentait jusqu'au délire, de ne pouvoir aller parler de Dieu à celui que Dieu frappait....

Il y avait encore quelque chose de plus tendre dans ses soins, de plus maternel dans sa douleur, quand le malade était un pauvre. Le père de famille portait avec les secours de la religion des secours temporels ; et, comme il n'y pouvait suffire, il demandait, sur son chemin, l'aumône ; il cherchait au nom de la charité une garde-malade.... Ainsi s'explique le trésor qui fut trouvé après un si long ministère : point de dettes, point de rentes, plus 87 francs qui devaient suffire à sa maison pendant six semaines, jusqu'au payement d'un nouveau mandat. Son testament, comme celui de saint Augustin, était tout fait....

Il n'avait distrait du patrimoine de sa grande famille que ce qui était nécessaire à l'entretien de sa maison. La tenue en était simple mais convenable, et sa table hospitalière était ouverte à ses paroissiens, à ses confrères et au clergé de Coutances, dont les membres les plus distingués étaient pleins de vénération pour le bon curé de Courcy.

Ce vieillard, si petit et si humble devant tout homme ayant titre d'honneur ou de science, eût pu cependant enseigner la grammaire latine et la phrase cicéronienne à plus d'un professeur; car, même à la fin de sa vie, il n'avait oublié aucune règle du rudiment de Lhomond. Il avait toujours étudié le latin, pour mieux payer sa dette envers ses bienfaiteurs, en donnant la science qui lui fut donnée, pour faire à l'Église l'aumône de quelques prêtres, lui qui avait souffert avec elle dans les temps de disette. C'est ainsi qu'il dirigea les études de ses deux neveux, celles de vingt autres jeunes gens, au moins, dont la moitié sont devenus prêtres. Je fus le dernier de ses élèves.... Il m'adopta dans le temps de sa vieillesse : la Sainte Écriture ne veut pas que l'on condamne la prédilection des vieillards, mais elle maudit, dans celui qu'ils aiment, l'ingratitude....

M. Le Rendu, dans cette vie plus intime avec ses élèves, révélait mieux encore cette habitude de piété qui inspira toujours le prêtre et le pasteur : esprit de piété dans toutes les fonctions saintes, à l'autel où son attitude témoignait de la présence réelle de Jésus-Christ, dans la récitation du saint office et du chapelet; esprit de piété dans sa conversation qui nous rappelait souvent à la pensée de Dieu, avec une bienveillance pleine d'abandon mais aussi d'aimable gravité.

Son humilité profonde aurait condamné le désir que nous avions tous, nous ses élèves et ses paroissiens ; nous désirions pour notre père ce titre d'honneur que nos seigneurs les évêques donnent au mérite éprouvé, et qui eût couronné dignement les cheveux blancs du confesseur de la foi.

La mort lui prépara une meilleure couronne, mais elle nous rendit orphelins.... M. Le Rendu est frappé, en pleine santé, d'une maladie grave à laquelle vient s'ajouter, nous l'avons dit, la préoccupation la plus vive pour le salut d'un vieillard mourant. Une inquiétude d'une autre sorte le trouble également : il craignait depuis quelques semaines, mais à tort, que sa chère paroisse, toujours obéissante, ne fît opposition à la nouvelle ordonnance qui réglait dans le diocèse le son des cloches.

Les pensées du malade furent toutes pour Dieu dont il redoutait les jugements, malgré la sainteté d'une longue vie. Ses lèvres murmuraient les paroles de la sainte Écriture pour demander pardon, appui et force, pour exprimer ses sentiments d'amour. Il appelait à son aide la sainte Vierge et son bon ange. Dès les premiers jours de la maladie, il demanda la grâce de recevoir le saint viatique. Quand son Dieu vint à lui, le

mal sembla disparaître sous l'expression vive,
énergique de l'adoration et de la reconnaissance.
Les moments qui suivirent et les derniers jours
ne furent plus qu'une longue action de grâces
continuée même dans le délire. Il ne s'interrom-
pait que pour consoler la douleur de M. Ménant,
son neveu; il aimait tant celui qui depuis lon-
gues années assistait son ministère et protégeait
sa vieillesse! Il le priait d'aller prendre un peu
de repos, et quelques instants après il redeman-
dait la présence de ce cher fils....

Enfin une crise vint nous surprendre et hâter
l'administration des derniers Sacrements. Cette
cérémonie fut ordonnée par M. Ménant lui-
même qui avait promis à son oncle de l'aider à
mourir, car un autre, prêtre plein de courage
cependant, s'était troublé dans sa douleur....
C'était un samedi matin....

Le dimanche, M. l'abbé R..., qui était venu
par dévouement célébrer les saints offices, recommanda le père mort aux prières de ses enfants. Il voulait dire seulement quelques paroles,
mais l'expression de tous les visages l'inspire, et
l'émotion de tous se communique à l'orateur. Il
disait ensuite: « Je n'ai bien appris la vie de
M. Le Rendu qu'en face de ses paroissiens : leur
deuil m'a tout révélé.... Voilà le bon pasteur! »
La cérémonie des obsèques eut lieu le lundi;

elle réunissait le clergé du pays de Coutances, des amis nombreux, tous les habitants de Courcy. Et un homme du monde sortait de l'église en prononçant avec larmes ces paroles : « Heureux le prêtre dont la mort fait pleurer ses douze cents enfants ! »

————

Le troupeau privé de pasteur ne pouvait être consolé qu'en obtenant la nomination à la cure de Courcy, de M. Ménant, vicaire et neveu de M. Le Rendu. Mais, sous l'administration de Mgr Robiou, le vicaire d'une paroisse n'en devenait pas ordinairement le curé. Le cri de tous les cœurs exprimé avec convenance, l'appui de M. D. L. M., vicaire-général, qui connaissait la paroisse et le prêtre, obtinrent d'un prélat si dévoué au bien de ses diocésains, une première exception au système qu'il préférait. Qu'ils en soient tous bénis ! Car il y a sans nul doute des circonstances, et les évêques seuls en sont juges, où le principe, bien sage d'ailleurs, de l'avancement et du déplacement, qui régit l'ordre civil, ne peut être appliqué dans l'administration spirituelle des diocèses ; cela résulte de la différence si grande qui sépare le fonctionnaire du pasteur, véritable père de famille. Une famille ne change pas à volonté de père; et la direction efficace des âmes a souvent besoin du temps, condition de la confiance et de l'amour.... Heureuse la paroisse qui garde longtemps un prêtre pieux et dévoué! Heureux celui qui retrouve à son lit de mort le pasteur qui a dirigé sa jeunesse! A Courcy, les vieillards disaient au nouveau pasteur : «Vous nous avez fait communier, car vous êtes pour nous votre oncle. »

M. Ménant continuait dans l'esprit de ses paroissiens la vie de son oncle, dont il reproduisait toutes les vertus dans le ministère. Notre reconnaissance et nos regrets ne veulent rien distinguer entre ces deux noms, et c'est justice; car le fils formé par le père s'est étudié jusqu'à la mort à lui être semblable. Nous craindrions de manquer de vérité et de convenance en donnant une biographie distincte. Les détails qui suivent n'ont qu'un but, prouver cette assimilation de deux vies si saintes et si pleines pour le ciel.

M. Pierre-François Ménant, né à Coutances, fut, dès ses premières années, élevé par son oncle. Il n'eut jamais d'autre désir, en servant Dieu dans le sacerdoce, que de vivre assez longtemps pour assister et rendre heureuse la vieillesse de son second père. Cette pieuse pensée inspire et remplit les dix-sept années de son vicariat; il donne l'exemple du respect qui entoure le pasteur auquel il fait rapporter tout le bien, ne voulant pour lui-même que la responsabilité des mesures pénibles. Il veut écarter même le grain de sable de la voie du vieillard.

Après la mort de son oncle, M. Ménant eût fait volontiers le sacrifice de sa vie ; car il n'avait demandé à Dieu, quelques années plus tôt, dans une maladie grave, que de survivre vingt-quatre heures seulement à celui qui réclamait les soins de l'affection. Quand il peut se reconnaître dans sa douleur, il pense non au titre de curé qu'il ne désire pas, mais à la garde du tombeau de son père et à la paroisse où il avait toujours vécu, et qu'il devra conduire au ciel.

Or, pour continuer le ministère de son oncle, il faut reproduire sa vie, en effaçant même les différences que le caractère, le tempérament peuvent établir entre deux prêtres également vertueux ; il faut faire tout ce qui a été fait.

M. Ménant, à l'exemple de son oncle, prêche la parole de Dieu à l'église et dans les maisons ; il visite, comme lui, les pauvres et les malades ; comme lui, il confesse, tout le jour, pendant de longs mois, malgré des accidents, malgré l'avis des médecins qui lui avaient déclaré que cette vie de confessionnal, à jours entiers, le tuerait : c'est ce qui est arrivé.

La pratique si généreuse de tous ses devoirs était placée sous la protection d'un règlement inflexible. L'observance en est même scrupuleuse, et l'on dirait que M. Ménant ajoute à la sévérité des saintes habitudes qu'il veut imiter. Ainsi le petit délassement du soir n'existe plus; l'heure de son lever conviendrait aux trappistes : les habitants savent tous qu'il avait lieu le plus souvent à trois heures et demie, mais ils peuvent ignorer qu'il y avait là un acte de mortification qui ne s'est jamais accompli sans être pénible.

Ainsi furent remplies les seize années du ministère pastoral de M. Ménant; il s'est dévoué à la garde d'un tombeau et au salut de ses paroissiens. Ce double but explique bien des faits, et légitime cette sensibilité de caractère qui a pu étonner l'irréflexion : si vous avez compris ce qu'il veut sur cette terre, ne lui proposez aucun voyage qui l'éloigne, même un seul jour, de sa paroisse. Vous parlerez au nom de sa santé : il y sera peu sensible; au nom de l'amitié qu'il a pour vous, au nom de l'attachement qui l'unit à son frère : ces motifs toucheront son cœur, il vous dira oui peut-être, et il est sincère, il désire vous prouver qu'il vous aime. Mais au moment fatal il restera, tout en ayant pleine confiance dans le zèle de M. V..., son pieux vicaire; il restera, car il est possible que l'un de ses paroissiens tombe malade, ou bien les infirmes l'ont peut-être trompé par excès de respectueuse déférence, en lui faisant dire qu'ils le prient d'être sans inquiétude…. Si le voyage a lieu, ne restez pas plus de deux jours, ou bien l'exilé sera triste jusqu'aux larmes : une partie de plaisir est, loin de Courcy, une partie de peine….

Mais il y a un moyen infaillible de faire le bonheur de M. le curé; ce moyen est à l'usage de tous ses confrères, de ses amis et de nous surtout, prêtres originaires de Courcy. Il suffit de le venir visiter dans son presbytère qui est toujours la maison de l'hospitalité, et qui est notre maison de famille, comme au temps de son oncle. Ce rôle de père que M. Ménant continue pour nous, lui fait oublier l'habitude de souffrir, ou du moins lui donne la force de faire taire la douleur, pour nous témoigner plus d'affectueuse cordialité. Alors nous vivions des souvenirs du passé, nous parlions de la chère paroisse…. Il y avait aussi toujours quelque décoration nouvelle à l'église; les cérémonies du culte avaient été célébrées avec une nouvelle pompe dans la dernière fête…. Et nous apprenions en même temps que les habitudes de piété persévéraient à Courcy.

Je ne veux plus relever qu'un double fait qui montre le pasteur identifié avec ses paroissiens, souffrant visiblement de leurs fautes, souffrant aussi de la plus légère atteinte portée à l'honneur de sa paroisse. Si un scandale même léger vient à se produire, le cri ordinaire est celui-ci : quelle peine pour M. le curé ! Il est dans la pensée de tous le représentant de la loi de Dieu. Des actes coupables furent autrefois commis sur le territoire de notre commune. M. Ménant a grand soin de nous écrire et de faire publier que la personne qui est poursuivie n'est pas originaire de Courcy, la paroisse sans tache !

Le prêtre, le pasteur qui a mérité par ses vertus une telle considération, n'a pas besoin d'une dernière maladie pour se préparer au jugement de Dieu. M. Ménant, dont la vie était sérieusement menacée depuis assez longtemps, fut frappé d'apoplexie pendant son séjour à Coutances, à l'occasion du synode. Une famille honorable, originaire de Courcy, recueillit le dernier soupir de notre père, au nom des paroissiens, au nom de M. le curé de Bréville, ce digne frère qu'il aimait avec une tendresse paternelle.

Cette mort devenait une prédication éloquente des vertus pastorales devant les membres du clergé diocésain. « Le synode a perdu l'un de ses membres, dit le secrétaire dans le procès-verbal : un saint prêtre, cher à Dieu et aux hommes et que son troupeau pleurera longtemps et à juste titre (*gregi suo maxime deflendus*), a

été frappé de mort subite. C'est M. Ménant, curé
de Courcy. J'inscris son nom en l'arrosant de
mes larmes.... » Puis Mgr l'évêque recommanda
aux prières des assistants « l'âme de leur excel-
lent et si regrettable confrère. »

M. Ménant demandait dans son testament
deux choses : reposer auprès de son oncle, et sa
tombe a été creusée là où il le désirait, et ses
obsèques ont été célébrées dans le deuil de toute
une paroisse qui pleure la mort d'un père (*gregi
suo maxime deflendus*). Il demandait en second
lieu qu'on ne lui élevât point de tombeau, afin
de n'être pas égalé à son oncle et de ne pas met-
tre à contribution ses amis et ses paroissiens....
Mais notre reconnaissance nous obligeait à lui
désobéir une seule fois.

La paroisse Saint-Lo de Courcy a élevé des
tombeaux à ses deux pasteurs, MM. Le Rendu et
Ménant. Les pierres du sépulcre nous enseignent
encore la foi et la piété; elles seront un éternel
enseignement pour les générations à qui le ciel
donnera des prêtres saints et dévoués, nous en
avons la preuve dans la nomination de M. J....
Avec la protection de Saint-Lo, sous l'abri des
tombeaux des pasteurs que nous pleurons, notre
paroisse restera croyante et pieuse (*defuncti ad-
huc loquuntur*).

*L'auteur de la* Notice biographique *a reçu de M. le curé de Bréville la lettre suivante. M. Ménant se plaît à reconnaître le véritable esprit d'un* travail *qu'il déclare* bien véridique. *Nous publions sa lettre; car elle associe plus intimement à deux noms vénérés celui d'un prêtre si digne de son oncle et de son frère.*

Bréville, 16 mai 1854.

Monsieur l'abbé,

Si vous aviez interrogé les défunts que vous glorifiez dans la *Notice biographique* que vous me faites l'honneur de m'offrir en même temps qu'à l'estimable paroisse de Courcy, vous savez qu'ils ne vous auraient jamais permis de faire ainsi leur éloge.... Si même vous m'aviez soumis votre projet avant de le développer, vous savez ce que j'aurais fait pour vous détourner de votre bienveillante intention; mais non.... Votre amour et votre reconnaissance se sont défiés et ont adroitement trouvé les moyens de réussir à se manifester. Je ne puis plus repousser l'expression des sentiments de vénération et de gratitude que vous témoignez à mon oncle et à mon frère, puisque vous dédiez *votre bien véridique travail* à une paroisse qu'ils ont tant aimée, à une paroisse que moi-même je ne pourrai jamais oublier, puisqu'elle est pour toujours dépositaire des cendres de ceux qui m'ont fait ce que je suis. J'accepte votre *Notice biographique* comme un témoignage d'amour et de reconnaissance envers ceux qui vous ont protégé et affectionné, comme devant faire plaisir à des enfants qui ont tous chéri mon oncle et mon frère, comme pouvant perpétuer dans la digne paroisse le bien qu'ils se sont efforcés d'y faire pendant plus de cinquante-quatre ans. Dieu bénisse votre entreprise et la rende profitable et salutaire aux bons habitants de Courcy, pour lesquels je conserverai toujours un souvenir plein de reconnaissance.

Agréez, bien digne et cher ami, mes faibles re-mercîments, et veuillez croire au cordial et sincère attachement avec lequel je suis votre tout dévoué confrère,

MÉNANT,
Curé de Bréville.

# ÉPITAPHE DU TOMBEAU DE M. LE RENDU.

CI-GIT

M<sup>r</sup> P<sup>re</sup> F<sup>ois</sup> LE RENDU, NÉ A COUTANCES

LE 12 7<sup>bre</sup> 1765 ;

CURÉ DE COURCY PENDANT 38 ANS ;

MORT LE 24 FÉVRIER 1838.

PASTEUR CHARITABLE,

IL FUT LE PÈRE ET L'AMI DE SES PAROISSIENS ;

PRÊTRE ZÉLÉ,

IL FUT PERSÉCUTÉ POUR LA FOI ;

IL NE CONNUT DE BONHEUR

QUE DANS LES FONCTIONS DE SON MINISTÈRE ;

PÈRE DES PAUVRES,

IL N'ÉPARGNA RIEN POUR EUX ;

AMI DES JEUNES GENS,

IL FIT L'ÉDUCATION DE PLUSIEURS.

SA MORT FIT LA DÉSOLATION

DE SES PAROISSIENS,

QUI LUI ONT ÉLEVÉ CE MONUMENT

DE LEUR RECONNAISSANCE.

REQUIESCAT IN PACE.

# ÉPITAPHE DU TOMBEAU DE M. MÉNANT.

ICI REPOSE

LE CORPS DE M<sup>r</sup> P<sup>re</sup> F<sup>ois</sup> MÉNANT,

NÉ A COUTANCES LE 22 AVRIL 1796,

VICAIRE DE COURCY EN 1822,

CURÉ DU MÊME LIEU EN 1838,

EN REMPLACEMENT DE SON ONCLE,

ET DÉCÉDÉ LE 9 NOVEMBRE 1853.

IL NE VOULAIT QU'UNE SIMPLE CROIX :

SES PAROISSIENS ET SES AMIS

LUI ONT DÉSOBÉI UNE SEULE FOIS

EN LUI ÉLEVANT CE MONUMENT

DE LEUR AMITIÉ ET DE LEUR RECONNAISSANCE.

REQUIESCAT IN PACE.